DEKALOG

KSIĘDZA JANA KACZKOWSKIEGO

I II III IV V VI VII VIII IX X

DEKALOG

KSIĘDZA JANA KACZKOWSKIEGO

KSIĄŻKA Z PŁYTĄ CD

ROZMAWIAŁA KATARZYNA SZKARPETOWSKA

wydawnictwo wam

Przedmowa: Grzegorz Kramer SJ
Wstęp: Katarzyna Szkarpetowska
Przygotowanie biogramu: Izabela Izdebska
Redakcja: Karolina Macios
Korekta: Klaudia Adamus
Projekt okładki: Katarzyna Ewa Legendź
Zdjęcie na okładce © Damian Kramski
Skład: Lucyna Sterczewska
Fotografie w książce © Damian Kramski
www.damiankramski.com

ISBN 978-83-277-1288-2
dodruk

WYDAWNICTWO WAM
ul. Kopernika 26 • 31-501 Kraków
tel. 12 62 93 200 • faks 12 42 95 003
e-mail: wam@wydawnictwowam.pl
www.wydawnictwowam.pl

DZIAŁ HANDLOWY
tel. 12 62 93 254-255 • faks 12 62 93 496
e-mail: handel@wydawnictwowam.pl

KSIĘGARNIA WYSYŁKOWA
tel. 12 62 93 260
e.wydawnictwowam.pl

druk: DIMOGRAF • Bielsko-Biała

Przedmowa

Pierwszy raz o Janie Kaczkowskim dowiedziałem się z jednej z gazet, której udzielił wywiadu – nie pamiętam już tytułu, w każdym razie mowa była o jego Puckim Hospicjum. Naprawdę mnie wtedy zdenerwował. Pomyślałem sobie, że to kolejny ksiądz celebryta, który lubi dużo gadać o swojej robocie. Było w nim jednak coś inspirującego, więc odszukałem go na FB i zaprosiłem do grona znajomych.

Jan stawał się coraz bardziej popularny. Jego pierwszą książkę *Szału nie ma, jest rak* pochłonąłem w dwie godziny, siedząc na pięknym, górskim zboczu. Czytałem i czułem, jak zaczynam kochać tego faceta – a dokładnie to, jak on sam kochał życie – i jego sposób „uprawiania" kapłaństwa. Bardzo ważne dla mnie stały się te momenty, gdzie Jan opowiadał o lęku – o tym, jak bał się wielu spraw, jak lęk go paraliżował. Stał mi się jeszcze bliższy po tym, jak dotarłem do informacji, że przy jego życiowym przełomie był obecny bardzo mi bliski bł. Jerzy Popiełuszko.

Po lekturze *Szału...* zrozumiałem, że we mnie samym jest duże pragnienie śmierci – takie pozytywne: nastawione na dalsze działanie, mobilizujące do większego angażowania się w powołanie i zadania, ale i zarazem bardzo otwierające mnie na wieczność. I choć boję się cierpienia, choroby czy odrzucenia, to od lektury tamtej książki zacząłem Janowi „zazdrościć" perspektywy szybkiego odejścia. I tak zostało już do jego śmierci. Kiedy się o niej dowiedziałem, stałem właśnie nad grobem ks. Jerzego, i pierwsze słowo, jakie przyszło mi wtedy na myśl, to „szczęściarz".

Kiedy wyszła jego druga książka z Piotrem Żyłką, o Bogu i polędwicy, stało się dla mnie oczywiste, że Jan na zawsze wpisze się w moje myślenie. Jednak nie przez jakąś spektakularną nowość, ale bardziej przez potwierdzenie tego, co od dawna mi bliskie. Choć jestem chrześcijaninem, zakonnikiem i księdzem, to jestem jednak także człowiekiem pełnym wątpliwości. Boję się ludzi, którzy znają odpowiedzi na wszystkie pytania, zawsze mają recepty na problemy i próbują mi wytłumaczyć tajemnicę cierpienia. Jan pytał, dawał przestrzeń na niedopowiedzenia. Kiedy tłumaczył coś, zwłaszcza związanego z cierpieniem, czułem, że daje mi wolność, miejsce na moją osobistą interpretację życia.

Coraz bardziej chciałem poznać go osobiście, choć z drugiej strony zastanawiałem się nad tym, co mu powiem. Taka okazja nadarzyła się wiosną 2015 roku podczas promocji książki. Od naszego pierwszego (i jedynego) spotkania w Krakowie jestem przekonany o tym, że Jan jest człowiekiem świętym. Jego świętość była (i jest) normalna. Taka codzienna, obarczona słabością, polegająca na działaniu w tym świecie (na miarę swoich możliwości), ale w nieustającym łączeniu się z Jezusem. Świętość Jana była radosna, niekoniecznie ciągle uśmiechnięta, tylko przepełniona nadzieją, że żadne zło i cierpienie nie ma ostatniego słowa w naszym życiu. Spotkanie z takim świętym sprawia, że nie chcesz być odtwórcą jego życia, ale zainspirowany przykładem, masz odwagę do szukania swojego sposobu na świętość, na przeżycie życia w sposób twórczy.

Zastanawiałem się, dlaczego Jan doprowadził mnie do takiego wniosku. Jak sądzę, dzieje się tak dlatego, że ks. Kaczkowski kochał życie, powiedziałbym: był pasjonatem życia. Straszny to slogan – ktoś powie, ale chodzi mi o to, że kiedy on, ksiądz, mówi o życiu ludzkim, to nigdy jak o czymś złym, co należy dopiero uświęcić, ale pokazuje życie jako coś świętego, czym człowiek ma się cieszyć. Dzięki takiemu modelowi świętość nie przeraża, tylko jawi się jako zaproszenie do niesamowitej przygody, której przeżywanie, choć obarczone trudnościami, daje dużo radości.

Jan był księdzem, a więc człowiekiem bardzo mocno związanym z Kościołem katolickim i ten Kościół bardzo kochał, ale wiedział, co zresztą pokazywał, że Kościół nie jest Bogiem, tylko cudownym środkiem do osiągnięcia Celu – Boga. Często podkreślał też, że Bóg nie jest ograniczony swoim Kościołem i dociera do ludzi również w inny sposób. Jan jako wierzący ksiądz, przyznając się publicznie do słabości (nie tylko do choroby), zachęcał innych do mocnej wiary opartej na Jezusie. Do wiary dającej siły i motywacje do szukania. Ukazywał Kościół nie jako jeszcze jeden ciężar obciążający naszą wolność, ale jako przestrzeń do twórczej pracy na rzecz drugiego człowieka.

Podczas tego wieczoru, kiedy spotkaliśmy się w Krakowie, Jan celebrował Mszę Świętą i wygłosił kazanie. To było tuż po Wielkanocy, czytaliśmy wtedy o pierwotnym Kościele. Jan, patrząc na tę wspólnotę, mówił wtedy o wolności, którą dostaje w Kościele. Nie, on nie był idealistą powtarzającym piękne slogany. Raczej realistą, który nie skupia się na złu i słabości (choć je wyraźnie dostrzega). Właśnie dzięki wolności danej od Boga w Kościele możemy szukać dobra w drugim. Dzięki temu znika podejrzliwość do drugiego człowieka – i to świetnie było w Janie widać. Czasem miało się wręcz wrażenie, że w kontaktach z innymi był naiwny. Nie był. On po prostu był wolny, a wolność, jak się okazuje, niszczy w nas strach przed drugim człowiekiem. Wtedy właśnie zacząłem uważać go za świętego. Po jego śmierci utwierdzam się w tym jeszcze mocniej. Wiele osób przysyła mi różne informacje o codziennych, prostych sytuacjach, w których odczytują interwencje Jana. A to ktoś odzyskuje nadzieję i wiarę po tym, jak przypomina im się Jan, a to ktoś za jego wstawiennictwem prosi Boga o uzdrowienie, i jest całe mnóstwo ludzi, którzy cierpią na rozmaite choroby i postanawiają swoje cierpienie związać z Janem. Ja sam uważam go za świętego, ponieważ inspiruje, nie wiążąc przy tym słuchacza ze sobą. Ciągle mówił, że jest na drugim miejscu, ale mówił to szczerze. Genialnie realizował chrześcijaństwo, szukając Boga we wszystkim, co się w jego życiu działo, i żył z Bogiem na poważnie – na tym właśnie polegała jego świętość. Jan jest mi bliski w tym, że Bóg dla niego niekoniecznie musi działać cuda (choć je czyni), ale równie dobrze można Go spotykać w codzienności przepełnionej cierpieniem. Jan jest według mnie święty, bo nie bał się być sobą, a tak rozumiem świętość – jako bycie sobą, bo jesteśmy stworzeni w sposób niepowtarzalny na obraz Boga.

Jan Kaczkowski, choć przez wielu z nas, księży, podziwiany, bywa też niewygodny, bo nie pozwala duszpasterzom na zbytnie odpoczywanie i zajmowanie się sobą. Można śmiało powiedzieć, że swoją postawą bardzo wzmocnił ważny model duszpasterstwa, polegający na tym, że ksiądz naprawdę jest dla ludzi, nie ludzie dla księdza. Jan na jedno wezwanie potrafił (a pamiętajmy, że był bardzo chory) z Pucka pojechać do Warszawy, namaścić jedną konkretną osobę i pomodlić się nad nią. Choć bardzo słaby, niedziela za niedzielą głosił kazania w różnych miejscach, spotykał się z wieloma ludźmi, a do tego pięknie się uśmiechał. Pokazał, że można i trzeba być księdzem niezależnie od tego, w jakim stanie się jest i ile ma się siły. Że dla księdza nie ma czegoś takiego jak emerytura.

Książeczka, którą Państwo trzymacie w rękach, i – mam nadzieję – za moment przeczytacie, to jedna z ostatnich rozmów tego typu, które Jan przeprowadził. Rozmowa z Panią Kasią jest próbą konfrontacji z Dekalogiem. Ten dialog o Dekalogu nie daje odpowiedzi w stylu: „tak rób, a pójdziesz do nieba". Jan odpowiada na pytania w sposób prosty, czasem zabawny, a jeszcze kiedy indziej zaczepliwy, wplatając w to wątki osobiste.

Dekalog przez wielu ludzi, również wierzących, jest postrzegany jak „Boskie ograniczenia". Wielu z nas uważa, że Bóg stworzył człowieka tylko po to, by ten wypełnił jakiś tajemniczy plan, spełnił wolę Bożą, a do tego jeszcze nie wystawiał nosa poza ramy, które Bóg wyznaczył właśnie w przykazaniach. To dość pesymistyczna wizja naszego życia. Jasne, czasem doklejamy do tego takie pojęcia jak wolna wola czy miłość Boża – by to nasze chrześcijaństwo „ładnie wyglądało". Jednak czujemy, że nie o to chodzi. Jan w tym tekście, albo raczej w odpowiedziach udzielanych Pani Katarzynie, nie pokazuje przykazań jako czegoś, co nas ogranicza, ale raczej jako coś, co daje nam niesamowite możliwości twórcze w przeżywaniu wolności. W tej rozmowie okazuje się, że Bóg w Dekalogu nie stawia ograniczeń, ale wręcz przeciwnie – składa nam obietnicę, że kiedy będziemy swoje życie łączyć z Nim, to nasze życie zacznie nabierać kolorytu.

Życzę Państwu dobrej lektury.

Grzegorz Kramer SJ

Wstęp

Kilka tygodni przed śmiercią powiedział mi, że w życiu nie chodzi o to, aby było jakoś, ale żeby była jakość. Że Pan Bóg ma konkretny plan na życie każdego z nas, ale my możemy nieźle w tym planie namieszać, a On, Bóg, nam w tym nie przeszkodzi.

Ksiądz Jan mówił o sobie, że jest coachem dobrej śmierci, ale był także coachem dobrego życia. Przeprowadzał ludzi na „tamtą stronę", jednak inspirował ich również do życia z pasją tutaj. Zachęcał do bycia człowiekiem celu i sam takim był. Pokazywał, że niemożliwe jest możliwe. Że ważna jest wierność swoim wartościom i przekonaniom. Wytrwałość w podążaniu własną drogą.

– Przyjedzie pani do Sopotu?

– Przyjadę!

– To zapraszam. Miejmy nadzieję, że dożyję.

Po krótkiej pauzie dodał:

– Bo wie pani, ze mną to nigdy nic nie wiadomo.

– Proszę tak nie mówić…

– Pani Kasiu, a dlaczego mam tak nie mówić? To jest przecież tak realne jak to, że właśnie z sobą rozmawiamy.

Nie wiedziałam, co odpowiedzieć. Zapadła cisza. Nie miałam jednak poczucia niezręczności, a właściwie nie zdążyłam go mieć – milczenie trwało zaledwie kilka sekund. Ksiądz przerwał je zaplecioną w poczucie humoru deklaracją: „Postaram się nie odwalić kity".

Trudno było się nie uśmiechnąć.

Spotkaliśmy się w Wielkim Poście ubiegłego roku. W Sopocie w sobotnie przedpołudnie, w rodzinnym domu mojego rozmówcy. W momencie bardzo dla niego trudnym – ksiądz był wyraźnie osłabiony. Rozmawiał ze mną… leżąc. To dlatego udzielając odpowiedzi na jedno z pytań, powiedział: „Doskonale wiemy, zarówno pani, która tu siedzi, jak i ja, który tu leżę…".

Wielu pytań, które tamtego dnia chciałam księdzu zadać, nie zadałam. Na większość z nich ks. Jan odpowiadał krótko, powiedziałabym: oszczędnie. Każde zdanie (ba, każde słowo!) kosztowało go wiele wysiłku.

O ostatnim spotkaniu z ks. Janem myślę z wdzięcznością. Bo mógł (powinien nawet!) je odwołać. I ja bym to zrozumiała. Myślę, że każdy albo prawie każdy na jego miejscu by tak zrobił. Ksiądz Jan – nie. Ksiądz Jan do końca dzielił się sobą – bo chyba tak to należy określić. Piszę te słowa, gdy księdza z nami już… no właśnie… nie ma, czy jest jeszcze bliżej i bardziej? Mam nieodparte wrażenie, że to drugie.

Księdzu Janowi obiecałam, że materiał na książkę, będący zapisem rozmowy, którą przeprowadziliśmy tamtego dnia, oddam w dobre ręce. Księże Janie – oddaję.

Katarzyna Szkarpetowska

Nie będziesz miał bogów cudzych przede Mną

Katarzyna Szkarpetowska: Jak budować relację z Bogiem, który mówi o sobie: „jestem Bogiem zazdrosnym"? Przecież to toksyczne, kiedy nasz partner jest zazdrosny…

Ksiądz Jan Kaczkowski: Na tę zazdrość Boga należy patrzeć szerzej. Bóg tak bardzo nas kocha, tak bardzo chce z nami być, że użyto tu nie do końca dla nas zrozumiałego porównania do zazdrości, a więc takiego uczucia, które płonie wielkim żarem, ale wcale nie musi być przyjemne.

Podstawą wszelkich relacji, tak z ludźmi, jak i z Bogiem, jest zaufanie. Z tym zaufaniem Stwórcy bardzo często mamy problem. Z czego to wynika?

Prawdopodobnie z tego, że niejednokrotnie zostaliśmy zranieni przez ważnych dla nas ludzi. Że oni nie stanęli na wysokości zadania i zawiedli nasze zaufanie. Z powodu ran zadanych przez najbliższych nie potrafimy w pełni zaufać, otworzyć się. Jeżeli uczciwie odpowiemy sobie na pytanie, co konkretnie w nas tę nieufność wzbudza, jeżeli to nazwiemy, wtedy możemy zrobić kolejny krok, a mianowicie spróbować to „przepracować".

Przepracować z Panem Bogiem czy na przykład w gabinecie psychoterapeutycznym?

Przepracować przede wszystkim we własnych przekonaniach, podczas osobistej modlitwy, ze spowiednikiem czy kierownikiem duchowym. Można też oczywiście zasięgnąć pomocy psychologa lub psychoterapeuty.

Bóg mówi: „Nie będziesz miał bogów cudzych przede Mną". O jakich bogach mowa?

O tych wszystkich bogach, którzy nam zawracają głowę lub zaciemniają perspektywę. Nie chcę być banalny, ale wymienię chociażby pieniądze, karierę... Tacy właśnie bogowie nas zniewalają.

Czy z tymi cudzymi bogami, o których rozmawiamy, jesteśmy sobie w stanie sami „poradzić"?

Jesteśmy, o ile – że tak powiem – zdiagnozujemy, co to za bogowie. Ale żeby zdiagnozować, potrzebujemy Bożej łaski, a zatem punktem wyjścia jest Pan Bóg.

Czy człowiek, który chodzi na smyczy obcych bogów, może być tak do końca szczęśliwy, żyć na pełnej petardzie?

Dopóki się w pełni nie uwolni, to wątpię. Ale starać się trzeba.

Jak pani rozumie życie na pełnej petardzie?

Jestem po lekturze Księdza książki *Życie na pełnej petardzie* i w trakcie lektury kolejnej – *Grunt pod nogami*. Myślę, że na pełnej petardzie żyjemy wtedy, kiedy właśnie czujemy grunt pod nogami. A dla Księdza życie na pełnej petardzie oznacza...?

Dla mnie życie na pełnej petardzie to odcięcie się od wszystkich lęków, strachu... Życie w zgodzie z własnym sumieniem, z tym, co czuję. Życie tak, jak w danym momencie, w danej chwili wymaga tego ode mnie sytuacja.

Dlaczego szukamy szczęścia poza Bogiem? Czy służenie cudzym bogom jest dla nas atrakcyjne?

Czasami daje taką złudną nadzieję, że robimy coś sensownego. Jednak prowadzi w ślepą uliczkę, bo ufamy czemuś, co absolutnie nie ma przełożenia na rzeczywistość.

Jeśli małżonkom jest w małżeństwie dobrze, jeśli się kochają, to nie będą szukali pocieszenia na zewnątrz – mąż w objęciach innej kobiety, a żona w ramionach innego mężczyzny. Nie uważa Ksiądz, że gdyby człowiek czuł się spełniony w relacji z Bogiem, nie szukałby spełnienia u innych bogów? Jeżeli ktoś się nami opiekuje „tutaj", nie będziemy szukać „gdzieś". Może więc wszystko sprowadza się do jakości tej relacji, którą mamy z Bogiem?

Zdecydowanie tak! Ja zawsze podkreślam, że w życiu nie ma być jakoś, ale ma być jakość.

W jaki sposób Bóg o nas zabiega?

W każdy i fundamentalny, to znaczy nieustannie! Zabiega o nas i chce naszego dobra. Wyciąga w naszym kierunku rękę nawet wtedy, gdy my jej nie chcemy i ją odrzucamy. Kiedy dowiedziałem się o chorobie, to nieustannie wokół mnie pojawiało się mnóstwo wyciągniętych rąk – moich bliskich, przyjaciół... Jestem przekonany, że wśród nich była także Jego dłoń.

Trzeba uważności, żeby Jego znaki odczytywać?

Uważności i czujności.

Czujność jest blisko uważności?

Bardzo, z tym że uważność jest bardziej ogólna. Mogę być uważnym, ale jeżeli sobie zadam trud, by w tej uważności dodatkowo być czujnym na sygnały z otoczenia, to wtedy na pewno wygram.

Bóg wyraźnie powiedział: „Nie będziesz czynił żadnej rzeźby ani żadnego obrazu (...). Nie będziesz oddawał im pokłonu ani nie będziesz im służył (...)". Dlaczego obwieszamy ściany obrazami?

Proszę się rozejrzeć po moim pokoju – czy tu jest jakiś obraz święty?

Nie, nie ma.

Widzi pani, bo to jest porządny katolicki pokój porządnego katolickiego księdza. Ten spór o cześć obrazów już dawno został w Kościele przedyskutowany między ikonofilami a ikonoklastami. My nigdy nie oddajemy czci obrazom. One są tylko – tak jak w prawosławiu – pewnym kanałem transportowym „tam".

Ale ludzie traktują je dewocyjnie…

Zbyt dewocyjnie. To uwłacza godności religii i godności Pana Boga.

Ubóstwianie drugiego człowieka to bałwochwalstwo?

Jeżeli przekracza granicę rozsądku, to tak. Bardzo mnie razi, jeżeli ktoś na przykład mówi: „uwielbiam Gośkę", „uwielbiam kiełbasę". Uwielbiać można tylko Pana Boga. Bardzo ważne jest, byśmy także na poziomie języka strzegli się przed ubóstwianiem ludzi i rzeczy. Ktoś z umierających powiedział mi bardzo mądre słowa, kiedy go zapytałem: „Co mam powiedzieć Twoim najbliższym, kiedy będziesz odchodził?". Odpowiedział: „Powiedz im, że mają uwielbiać Boga, a używać rzeczy. Nie odwrotnie".

A jak Ksiądz rozumie słowo „uwielbiać"?

Rozumiem je w takim najbardziej podstawowym znaczeniu. Skoro przyjmuję Najświętsze Ciało i Krew Zbawiciela, to je w sobie uwielbiam. I mówię w ramach dziękczynienia: „Uwielbiam Cię, Panie Boże, żeś do mnie przyszedł. Wyznaję i wierzę, że jesteś obecny tutaj, z całym rozumem i z duszą, i z całym swoim człowieczeństwem. Dziękuję Ci, że przyszedłeś do mojego człowieczeństwa i je uwzniośliłeś".

Jakie to są sytuacje, gdy drugi człowiek staje się dla nas bogiem/bożkiem?

Kiedy na przykład jesteśmy nierozsądnie zakochani i wszystko kręci się wokół tej jednej osoby. Wtedy oddajemy jej cześć w bałwochwalczy sposób.

Czy człowiek może być sam dla siebie bożkiem?

Może mu się wydawać, że nim jest.

Dziś słyszymy: „Możesz wszystko"... Zatem to Bóg pisze scenariusz naszego życia, czy to my ten scenariusz piszemy?

Uważam, że Pan Bóg ma konkretny plan na życie każdego z nas, ale my możemy nieźle w tym planie pomieszać. A On nam nie przeszkodzi.

Nie będziesz brał imienia Pana, Boga twego, nadaremno

Bóg, zapytany przez Mojżesza o imię, odpowiada: „Jestem, który jestem". Jak to rozumieć?

Bycie jest trwaniem. Bóg był i jest odwieczny, a więc samo istnienie Boga jest Jego istotą. Bóg jest odwieczny – był w historii od zawsze – i wszechwieczny – zawsze będzie trwał.

Co dla nas oznacza Boże „jestem"?

To, że my w tym Bożym „jestem" musimy się jakoś odnaleźć, co nie zawsze jest łatwe.

O co właściwie prosimy, modląc się słowami: „Święć się imię Twoje"?

Modlimy się, aby Bóg był pochwalony, uwielbiony, uznajemy Jego wszechmoc nad nami.

Usłyszałam kiedyś, że nie należy używać zawołań typu: „Matko!" czy „O Jezu!", bo to wykroczenie przeciw drugiemu przykazaniu.

Bardzo często ludzie odruchowo, z przyzwyczajenia, używają zawołań typu: „O Jezu!" i potem, w kontekście spowiedzi, mają z tym problem. Ja zawsze radzę, żeby zrobić z tego dobry uczynek, modlitwę. Powiedzieć: „O Jezu, proszę o pomoc", „Matko Najświętsza, zmiłuj się nad nami".

Samo „O Jezu!" to za mało?

Nie, jeśli powie się to z wiarą i z rozmysłem.

Zdarzają się takie sytuacje, do których Pana Boga zapraszać nie należy?

Nie ma takich sytuacji, do których Pana Boga zapraszać nie należy, ale modlitwa musi być świadoma. Jeżeli na przykład modlimy się słowami: „Najświętszy Jezu, przyjdź w ranach Twoich", to musimy wiedzieć, co mówimy, być świadomi, a nie paplać.

Nie odnosi Ksiądz wrażenia, że dziś wielu ludzi nie szanuje słowa „Bóg"? I nie mam nawet na myśli ateistów, agnostyków, ludzi, którzy nie wierzą czy mają wątpliwości, ale właśnie tych zadomowionych w Kościele, a przynajmniej za takich się uważających.

Niestety, Bóg odmieniany jest przez wszystkie przypadki i przyklejany do wszystkich twarzy. To jest trudny problem, bo ci zadomowieni, jak to ich pani określiła, często mają kłopot z takim prawdziwym zejściem na dno swojego sumienia. Ja bym właśnie wolał ateistów i agnostyków, którzy próbują zmierzyć się z Bożym istnieniem, bo oni są ciekawsi.

Ciekawsi w jakim sensie?

W takim, że mają coś do powiedzenia.

Kiedy popatrzymy na to, co dzieje się w Kościele…

…a co się dzieje?

Na przykład to, że wielu duchownych nie realizuje swojego powołania w imię Boga, a w imię kariery – osiągania kościelnych godności, zaszczytów…

Te kościelne godności i zaszczyty naprawdę niewiele dają. Wydaje mi się, że jest coraz mniej duchownych, dla których to jedyna motywacja.

Jakie mogą być konsekwencje składania fałszywych przysiąg, obietnic bez pokrycia składanych w imię Boga?

Proszę wyobrazić sobie taką sytuację: ktoś, kto jest pani bardzo bliski, mówi: „Przysięgam na miłość / na przyjaźń z panią Katarzyną", a kiedy tej przysięgi nie dotrzymuje, czuje się pani bardzo zraniona. Albo gdy ta osoba mówi: „Słowo honoru, że tak było". Jeśli okazuje się kłamcą, to dla pani słowo honoru tej osoby nic nie znaczy.

Z Panem Bogiem jest podobnie?

Myślę, że tak, chociaż On doskonale zna naszą psychikę i wie, że stworzył nas ułomnymi, więc prawdopodobnie przewiduje nasze potknięcia.

Pan Bóg sobie z tymi potknięciami radzi?

Jak Bóg mógłby nie radzić sobie ze swoim stworzeniem? Pani Katarzyno, On ze wszystkim sobie radzi.

Pamiętaj, abyś dzień święty święcił

Czy każdy dzień, który daje nam Bóg, jest święty?

Tak. A jeżeli przyjmiemy, że każdy dzień jest święty, to święte jest samo w sobie życie człowieka, które składa się z takich właśnie pojedynczych dni.

Świętować życie znaczy celebrować je?

Celebrować i – znowu wracamy do tego pojęcia – być uważnym na każdy dzień, na każdą minutę. Nie marnować czasu na bzdury! Świętować i celebrować to pojęcia bardzo bliskoznaczne. Skoro rzeczywiście każdy dzień jest nowym otwarciem, to trzeba by się zastanowić, co było złe w dniu poprzednim i spróbować to wyeliminować w obecnym. Coś na zasadzie rachunku sumienia na koniec dnia. Polecałbym także uprzedzający rachunek sumienia na początek dnia.

Uprzedzający rachunek sumienia?

Budzimy się rano, robimy znak krzyża i myślimy o tym, co mamy dzisiaj do zrobienia. Tego mi się nie chce, tego mi się nie chce, tamtego też mi się nie chce, to mnie wkurzy, a to będzie w porządku – więc mamy na co czekać.

Ja nawet myjąc zęby, mówię *Pod Twoją obronę...*, z góry polecam te wszystkie sprawy, które dopiero się wydarzą.

W jaki sposób świętuje Ksiądz swoje życie? Czy odkąd w Księdza życiu pojawiła się choroba, to świętowanie wygląda inaczej?

Zdecydowanie tak. Każdy dzień liczę, bo każdy dzień tak bardzo zbliża mnie do śmierci.

I przez to spieszy się Ksiądz mniej czy o wiele bardziej?

O wiele bardziej, bo nie wiem, czy ze wszystkim zdążę.

Z czym chciałby Ksiądz zdążyć?

Z wyprostowaniem relacji z tymi, z którymi ich jeszcze nie wyprostowałem, i przede wszystkim z pojednaniem z Panem Bogiem. Koniecznie muszę przeprowadzić spowiedź generalną. I wtedy będę gotowy.

Czego Ksiądz jako kapłan, przyjaciel i szef hospicjum nie chciałby przeoczyć?

Bardzo celnie utrafiła pani w te dziedziny, bo w każdej z nich jest taka sytuacja, której muszę dopilnować. Przede wszystkim hospicjum w Pucku chciałbym oddać „posprzątane" – w sensie prawnym, finansowym, merytorycznym. A moich bliskich i przyjaciół nie zostawiać bez podania ręki, bez powiedzenia „przepraszam" albo „proszę o przebaczenie".

Jak świętować, żeby nie zmęczyć się świętowaniem?

Świętowanie bywa bardzo trudne, zwłaszcza dla ludzi, którzy pracują w jakimś korporacyjnym szale. Dlatego warto się odpiąć – to bardzo zdrowa umiejętność. Odpinam się i tyle.

Odpinam się, czyli...?

...czyli chowam gdzieś, gdzie próbuję nie odbierać telefonów i przypominam sobie, co jest najważniejsze.

Ksiądz mówi na kazaniach, że chciałby, aby ludzie rozkochali się w Eucharystii. A to nie jest trudne?

A dlaczego trudne, skoro dokładnie wiadomo, co na tej Eucharystii się dzieje i Kogo się przyjmuje? Jeżeli łączę się całkowicie z Kimś, kogo niezwykle kocham, to gdzie może być większe szczęście?

To może jest trudne, kiedy nie mamy tej świadomości, z Kim się łączymy?

Kiedy jesteśmy tylko obserwatorami albo katolikami kucanymi, którzy wykonują pewną gimnastykę, to rzeczywiście – wtedy jest to trudne.

Jak przejść od katolicyzmu kucanego do świadomie przeżywanego?

Przede wszystkim wszelkie gesty w Kościele należy wykonywać starannie i bardzo świadomie. Dostaję skrętu kiszek, gdy widzę, jak ludzie zamiast przyklęknąć, robią jedynie taki dyg na środku kościoła, a żegnanie się wodą święconą przypomina drapanie się po klacie.

To może lepiej w ogóle nie wykonywać tych gestów, jeśli tak bardzo je spłycamy?

Zastanawiam się, co ludzie sobie tym załatwiają, że tu się podrapią, tam kucną.

Jeżeli niedzielnej Mszy Świętej nie widzimy jako spotkania z Bogiem, ale uczestniczymy w niej ze względu na obowiązek, idziemy na nią, bo „tak trzeba" czy „bo co ludzie powiedzą?", to nasz udział w niej ma sens?

Jasne, że jakiś ma. Jeżeli idziemy, bo taki jest obowiązek, to znaczy, że mamy jakieś wewnętrzne przynaglenie. Lepiej pójść z obowiązku niż w ogóle nie pójść.

Czcij ojca swego i matkę swoją

Kocha Ksiądz swoich rodziców?

Oczywiście! Są dla mnie ogromnymi autorytetami.

Jak czcić ojca, który jest na przykład łachudrą? Albo matkę, która swoje nowo narodzone dziecko porzuca na śmietniku?

Tych akurat niekoniecznie trzeba czcić. Jeżeli ojciec jest łajdakiem, pije alkohol i urządza w domu awantury, to nikt nie każe naśladować jego poczynań. Co więcej, może obserwując takiego ojca, sami nie będziemy chcieli pójść w jego ślady i jego błędy staną się dla nas ostrzeżeniem.

Jaką więc przyjąć postawę wobec takich rodziców?

Prawdziwą, realną. Nie ma co udawać, że zawsze było w porządku.

Wybaczyć im?

Myślę, że najważniejsze jest bardzo uczciwe oddzielenie faktów od emocji i powiedzenie na głos: „Miałem do ciebie pretensje w dzieciństwie czy wtedy, kiedy byłem nastolatkiem. Wydarzyło się to, to i tamto, a mi trudno to tobie przebaczyć i zapomnieć. Nie jestem w stanie tych emocji z siebie w tej chwili wyrzucić, ale nie pozwolę, żeby twoje zło mnie teraz zniszczyło, dlatego niech te emocje pójdą z tobą". Po dojściu do tej prawdy już sobie dalej poradzimy.

Dziś w wielu domach relacje rodzic–dziecko sprowadzają się do nakazów i zakazów (ze strony rodziców) oraz ich przestrzegania bądź nieprzestrzegania (ze strony dziecka). Dzieci nie ufają rodzicom, rodzice są podejrzliwi wobec dzieci, w tym wszystkim brakuje szacunku i miłości. Dlaczego te relacje słabną?

Może dlatego, że ludzie się nie przytulają…

Usłyszałam ostatnio takie zdanie, że dwa najcenniejsze dary, jakie rodzice mogą dać swoim dzieciom, to skrzydła i korzenie. Ksiądz by się pod tym podpisał?

Uważam, że to bardzo słuszne. Korzenie są po to, byśmy wiedzieli, skąd jesteśmy. Są bardzo ważne, ale nie mogą okazać się na tyle silne, żeby nam nie pozwoliły odlecieć ku wolności.

Ojciec z przypowieści o miłosiernym ojcu pozwolił swemu synowi odejść. A czy wyrazem miłości nie byłyby słowa: „Synu, zostań"? Przecież kochać dziecko to też mówić: „Tam nie idź".

„Synu, zostań" miał prawo powiedzieć, ale skoro tego nie zrobił, to znaczy, że uszanował jego wolność. Ojciec powiedział: „Dziecko, wszystko tutaj, co moje, jest twoje, ale jeśli mimo wszystko chcesz iść, nie zatrzymuję cię". Gdzieś między słowami wyraźnie zabrzmiało: „Będę na ciebie czekał". Ewidentnym znakiem miłości ojca było to, że on wychodził po syna wielokrotnie, a kiedy go zobaczył, gdy ten był jeszcze daleko, wybiegł naprzeciw, rzucił mu się na szyję i dalej historię znamy.

Miłosierny ojciec przyjął to, że syn odwrócił się i że może nie wrócić. Tak postępuje Pan Bóg wobec nas? Pozwala nam nawet, byśmy odeszli i nie wrócili? Jest w Nim zgoda na to?

Chciałbym być o tym przekonany.

Chciałbym, czyli nie jestem?

Są momenty, że bywam w pełni, ale czasami wątpliwości mącą moją pewność.

Starszy syn nie był zadowolony z powrotu brata. Kiedy myślę o tej przypowieści, to widzę obraz Kościoła w Polsce – ugrzecznione rodzeństwo (z moherowymi berecikami na głowie) bardzo chętnie zatrzasnęłoby przed nosem drzwi Kościoła rodzeństwu wywrotowemu. Dlaczego tak jest?

A to ugrzecznione rodzeństwo nie błądzi?

Błądzi.

No właśnie… Choćby wtedy, kiedy z niechęcią mówi o innych, o całych grupach społecznych. Trzeba by więc je skonfrontować z własną grzesznością.

Jak do tych sytuacji, które odnoszą się do relacji dziecko–rodzic, nie zawsze łatwych relacji, wprowadzać Pana Boga?

Nienachalnie. Najlepiej zacząć od modlitwy.

Nie zabijaj

Co w życiu zachwyca Księdza najbardziej?

Piękno przyrody, miłość… I to wszystko, co tak, nazwijmy to, banalnie przydarza się nam każdego dnia.

A ludzie?

Ludzie też. Zwłaszcza pełni godności i honoru.

Czy można zadać sobie lub drugiemu człowiekowi śmierć wewnętrzną?

Niestety można. Zwłaszcza gdy robi się to w sposób przemyślany. Możemy komuś powiedzieć: „nigdy cię nie kochałem", „nigdy nie byłeś mi bliski", „nie jesteś moim przyjacielem" i w ten sposób złamać tego człowieka, sprawić, że on już nikomu nie uwierzy, zabić go wewnętrznie…

Co pozbawia nas życia w wymiarze duchowym?

Utrata łaski uświęcającej, a tę tracimy, gdy popełnimy grzech ciężki.

Ksiądz często podkreśla, że na łożu śmierci ludzie żałują, że zaniedbali relacje. To jak żyć, by ich nie zaniedbać?

Będę banalny, ale po pierwsze: dbać o nie, po drugie: uświadomić sobie, które z nich są najważniejsze. Te, które nam przeszkadzają, możemy odcinać i odrzucać, zwłaszcza gdy są toksyczne i ciągną się za nami.

Ale czy to nie jest egoizm, gdy odrzucamy jakąś relację?

Musimy być bardzo rozsądni. Powiedzieć sobie szczerze, dlaczego tej konkretnej relacji nie chcemy i w jaki sposób ona nas obciąża.

Czasami mówimy: morduję się w swojej pracy, w małżeństwie… Morduję się, czyli zabijam?

Doskonale to się tłumaczy.

Pracę zawsze można zmienić – nie ta, będzie inna. Ale co, jeśli człowiek morduje się – „zabija" – w relacji małżeńskiej, w życiu w ogóle? Co i jak tutaj zmienić?

Stwierdzenie „morduję się" to w jakimś sensie odpowiedź emocjonalna, dlatego trzeba zadać sobie pytanie: co się takiego dzieje, skoro jestem w tej relacji umordowany, czyli w gruncie rzeczy się zabijam? Bardzo ważne jest to, by obiektywnie przeżyć tę relację – przyjrzeć się, w jakim kierunku prowadzi.

Ale gdy w grę wchodzi małżeństwo, sakrament, a my ustaliliśmy, że się mordujemy, a więc zabijamy – co dalej?

Do tego właśnie często sprowadza się dylemat kobiet bitych przez mężów, kobiet wykorzystywanych, których życie jest pasmem cierpień. I chociaż sakrament małżeństwa ma niezwykłą rangę, jest nierozerwalny, to jednak nie może być więzieniem. Czasami trzeba z niego uciekać, jeśli stanowi ono zagrożenie dla nas albo naszych dzieci.

Ludzie mówią też: „Mordęgą jest dla mnie bycie w Kościele. Nie widzę tu dla siebie miejsca". Jak tych, którzy tak mówią, tak czują, „przywrócić" Kościołowi?

Nie tyle usiłowałbym przywrócić ich Kościołowi, ile spróbował przywrócić Kościół im. To pytanie należałoby postawić w inny sposób, a mianowicie: co dla mnie w Kościele jest takie trudne, że nie mogę się w nim zadomowić.

A kiedy już odpowiemy sobie na to pytanie?

Kiedy sobie na nie odpowiemy, wtedy będziemy mogli coś z tym zrobić. Tylko ta odpowiedź musi być uczciwa.

Nie cudzołóż

Czym jest cudzołóstwo?

Zerwaniem przysięgi małżeńskiej i aktywnością seksualną poza małżeństwem. Po prostu zdradą.

A cudzołóstwo w relacji z Panem Bogiem?

W Starym Testamencie mówiło się, że Izrael cudzołożył z bogami obcymi, a więc odchodził do jakichś ułudnych bożków, z nimi zdradzał Boga.

Dlaczego właściwie cudzołożymy?

Z różnych powodów. Cudzołóstwo jest przejawem lekkomyślności, niedojrzałości do zachowania przysięgi, do wytrwania w dobrym. Bo przecież przysięgamy, uznając coś za dobre. Skoro nie wytrwaliśmy w dobrym, a wiedzieliśmy, że tak trzeba, to okazaliśmy się nie tylko lekkomyślni, ale także niedojrzali.

Człowiek zdradza, kiedy nie czuje się wystarczająco kochany?

Trudno mi powiedzieć, ja nawet celibatu nie złamałem…

Jezus mówi: „Każdy, kto pożądliwie patrzy na kobietę, już się w swoim sercu dopuścił z nią cudzołóstwa". Czy Pan Jezus nie jest zbyt radykalny?

Myślę, że kto jak kto, ale Pan Jezus musiał i musi być radykalny.

Co w tym złego, że ktoś sobie popatrzy?

To, że idzie za tym przedmiotowe traktowanie drugiego człowieka, takie instrumentalne. Tymczasem trzeba być bardzo uważnym, by nikogo nie traktować przedmiotowo, nawet w myślach, bo to skłania nas do bardzo instrumentalnego patrzenia na drugą osobę – jako na przedmiot, a nie na podmiot.

W takim razie jak uchronić się przed zdradą – jak zabezpieczyć, by nie zdradzić, ale też nie zostać zdradzonym?

Przede wszystkim kochać. I dużo o tym mówić, przytulać się... Budować na silnym fundamencie miłości.

A jeśli nie uda nam się uchronić przed niewiernością – jeśli zdradzimy lub zostaniemy zdradzeni, to jak sobie wówczas z tą zdradą poradzić?

Nasi ukochani, zaślubieni w ramach przysięgi, mają prawo do naszej wierności. My również. A jeśli już nie uda nam się przed niewiernością uchronić... Tutaj ponownie dotykamy oddzielenia emocji od faktów, czyli znowu mówmy o procesie – musimy wtedy odkryć, co w myślach uwalnia nas od takiego zła.

Czy żona, która wybacza mężowi kolejny skok w bok, jest miłosierna czy naiwna?

Odpowiedź na to pytanie znajdujemy w Ewangelii. Jezus mówi, ile razy mamy przebaczać i dlaczego.

Zdrada odbiera godność zdradzającemu czy zdradzanemu?

Obojgu.

Czytałam kiedyś o parze staruszków, którzy przeżyli razem pół wieku. Zapytani, jak tego dokonali, odpowiedzieli: „W naszych czasach, kiedy coś się psuło, to się naprawiało, a dziś wyrzuca się do kosza". Jak Ksiądz myśli, dlaczego to, co zepsute, co nadpsute, bardzo często wyrzucamy dziś do śmietnika? Nie potrafimy naprawiać, czy może nie chce się nam tego robić?

To idealny przykład, bo moi rodzice także mają kilkadziesiąt lat stażu małżeńskiego i cierpliwie, dzień po dniu, także czasami się kłócąc, naprawiają to, co się psuje. Kiedyś poszedłem z moją siostrą do knajpy, tutaj niedaleko. Kilku naszych rówieśników bujało się przy barze, tocząc puste gadki o dziewczynach. Gdy jeden z nich chciał przedstawić swoją kolejną wybrankę, moja siostra, która jest bardzo radykalna pod tym względem, powiedziała: „A ty nie miałeś żony?”.

Zamiast dbać o relacje, o miłość, ludzie zaliczają kolejne rozwody…

A jeżeli po prostu tak układa się życie?

Nie możemy pozwalać, żeby życie tak się układało.

Nie kradnij

Co można Księdzu ukraść?

Hmm…

Może spokój?

Tak, spokój można mi ukraść.

Co ludziom żyjącym na początku XXI wieku kradnie spokój?

Wszystko, co wybija, wytrąca z takiego stabilnego rytmu, kradnie spokój i równowagę.

Równowaga i spokój to nie to samo?

O równowadze mówimy wtedy, kiedy budzimy się rano i nie jesteśmy przerażeni, że coś nas za chwilę zaskoczy czy zdestabilizuje.

A spokój?

Spokój jest pochodną tej równowagi.

Co nas okrada z duchowości?

Myślę, że przede wszystkim zbyt szybkie tempo życia.

Duchowość jest czymś, co się ma, czy czymś, co się odkrywa?

Zdecydowanie tym drugim.

Kim właściwie jest złodziej?

Kimś, kto wyciąga rękę po to, co nie należy do niego.

Kradniemy, bo nie ma w nas szacunku dla własności innych?

Tak sądzę. Mamy w sobie jakąś taką wilczą łapczywość.

Z czego sami siebie możemy okraść?

Na pewno z godności. Możemy spowodować, że utracimy szacunek nie tylko sami wobec siebie, ale i w oczach innych.

Czy marnotrawstwo, na przykład talentów, jest kradzieżą?

Jest zubożaniem, a więc jakąś formą kradzieży.

Księża żartują czasem, że ludzie przychodzą do spowiedzi i przyznają się do kradzieży łańcucha, ale o tym, że do łańcucha przywiązana była krowa, już nie mówią. Dlaczego tę krowę chcą „przemilczeć"?

Bo to pewna konsekwencja naszego nieodpowiedzialnego przygotowania do spowiedzi. Trzeba wyznać wszystkie grzechy, zwłaszcza grzechy ciężkie popełnione przed spowiedzią. Taka spowiedź z „zatajoną krową" jest nieważna, świętokradzka.

To dlaczego ludzie mimo wszystko idą do spowiedzi?

Chyba nie zdają sobie do końca z tego sprawy.

Jak zadośćuczynić taki grzech jak kradzież?

Przede wszystkim spowiednik musi ustalić, co dany człowiek ukradł, komu ukradł i jaka wynikła z tego szkoda. I zadać restytucję, która nie będzie tylko oddaniem równy do równego, ale oddaniem z nadwyżką, lekkim „naduczynieniem". Ja zawsze ustalam, ile to mniej więcej było pieniędzy, i mówię: „Proszę oddać, ale ze swoich. Tak, żeby pana/panią «zabolała» kieszeń".

Trzeba zwrócić osobie, której się ukradło?

Zasadniczo tak. Jeżeli tylko jest taka możliwość.

A jeśli towarzyszy nam wstyd, bo ta osoba nie wie, że to my ukradliśmy, ale się o tym dowie, gdy oddamy?

No trudno. Nie towarzyszył nam wstyd, kiedy kradliśmy, to niech nam potowarzyszy, kiedy oddajemy.

Nie mów fałszywego świadectwa przeciw bliźniemu swemu

Ksiądz Tischner, do którego Ksiądz często się odwołuje, mówił, że „jest święta prawda, tys prawda i gówno prawda". Przepraszam za to przedostatnie słowo…

Proszę nie przepraszać. To on powiedział.

Pokusi się Ksiądz o analizę, czym charakteryzuje się każda z tych prawd?

Pierwsza z nich to prawda najbardziej obiektywna, odzwierciedlająca naszą rzeczywistość. „Tys prawda" to prawda z takim zmiękczeniem tego akcentu. No i „gówno prawda" – czym jest, najwyraźniej widać w życiu politycznym.

Czy uważa Ksiądz, że zawsze należy mówić prawdę, nawet jeśli dla człowieka, któremu ją oznajmiamy, jest trudna? W końcu prawda to nie zawsze dobra nowina.

Zdecydowanie należy dążyć do prawdy. Niezwykle rzadko zdarza się taka sytuacja, kiedy w zgodzie z własnym sumieniem możemy nie ujawniać całej prawdy – na tym polega tzw. przywilej terapeutyczny. Można po niego sięgnąć na przykład, gdy wiemy niemal z całkowitą pewnością, że podanie całej prawdy komuś bardzo choremu będzie dla niego druzgocące. Zatem w pewnym momencie możemy się zatrzymać i obserwować, czy ta osoba naprawdę chce się dowiedzieć. Jeżeli chce, to trzeba jej tę prawdę oznajmić.

Skąd będziemy wiedzieć, czy chce wiedzieć dalej?

Myślę, że doświadczenie przy przekazywaniu trudnych informacji po kilku latach da nam taką pewność. A zawsze można po prostu zapytać: „czy chciałby pan wiedzieć więcej?".

Kiedy mówię: „ma pan nowotwór", a chory patrzy na mnie ze strachem i drży z przerażenia, to jest to sygnał, by się zatrzymać albo powiedzieć: „Odnoszę wrażenie, że jest pan przestraszony. Czy mogę zapytać, dlaczego?".

Można kłamać w dobrej wierze, czy jednak kłamstwo i wiara nie idą ze sobą w parze?

Kłamstwo nigdy nie jest dobrym sposobem rozwiązywania problemów.

Jezus mówi: „prawda was wyzwoli". Czy odkrycie prawdy o sobie, poznanie jej tak do końca jest w ogóle możliwe? W końcu patrzymy na siebie przez różne filtry – wychowania, życiowych doświadczeń…

Doskonale wiemy, zarówno pani, która tu siedzi, jak i ja, który tu leżę, że nie jest to łatwe.

Skoro prawda nas wyzwoli, a chyba każdy ceni sobie wolność, to dlaczego często wybieramy kłamstwo?

Bo wydaje nam się, że będzie łatwiej. Wydaje nam się, że wszystkich wyprowadziliśmy w pole... że jesteśmy tacy sprawni...

Kościół mówi tyle o potrzebie życia w prawdzie, o wartości prawdy. Ale czy tak naprawdę tą prawdą żyje?

Podpuszcza mnie pani.

Jeżeli Kościół podaje jakąś prawdę, z którą człowiek się nie zgadza – w swoim sercu, w sumieniu – to co w tej sytuacji powinien zrobić, za czym pójść?

Jeżeli jest świadomym katolikiem, to powinien pójść za nauczaniem Kościoła. A jeżeli jego sumienie mówi mu: „Nie, to niezgodna nauka", i on uczciwie przemyślał wszystkie rozwiązania, czyli pytał nieustannie swojego sumienia, czytał, ale te wątpliwości dalej nie ustąpiły, to wtedy powinien pójść za głosem swojego sumienia, nawet wbrew nauczaniu Kościoła.

Katolik, który ma wątpliwości, nie jest katolikiem świadomym?

Niekoniecznie musi być, ale może.

I dla takiego człowieka tą prawdą obiektywną będzie to, co on sądzi?

Tak.

Czyli w tym momencie ta prawda leży po stronie Kościoła czy w ludzkim sumieniu?

Widzi pani, w Kościele jest prymat sumienia nad prawem. Obowiązuje sumienie, nawet jeśli jest błędnie ukształtowane – no bo on nie miał innej możliwości, by na to wpaść. Wszyscy mówią: „nie tak", a on mówi: „a właśnie, że tak". To powinien pójść za tym, co podpowiada jego sumienie. Nawet jeżeli źle w danym momencie podpowiada, bo to też jest istotne.

Gdy ktoś kradnie nam dobre imię, mówi o nas nieprawdę – reagować czy nadstawiać drugi policzek?

Dyskutować! Chrześcijanie często chcą nadstawiać drugi policzek, a przecież w trzeciej scenie w Ewangelii Chrystus przed Piłatem dostaje cios rękawicą i mówi: „Jeżeli źle powiedziałem, udowodnij, co było złego. A jeżeli dobrze, to dlaczego mnie bijesz?". Domaga się uzasadnienia tego ciosu.

Zawsze warto dochodzić swego?

Należy dyskutować, ale nie awanturować się. Dochodzić swego, jednak nie za wszelką cenę.

Czasem warto przegrać zewnętrznie, a wygrać moralnie.

Jednym z miejsc, gdzie człowiek może stanąć w prawdzie przed Bogiem, ale też przed samym sobą, jest konfesjonał. I tutaj chciałabym zapytać o Księdza obserwacje – czy my potrafimy w tej prawdzie stawać?

Bywa bardzo różnie. Czasem na kilometr widzę, że osoba przychodzi do spowiedzi nieprzygotowana i że spowiedź jest świętokradzka. Nie mam prawa zwrócić na to uwagi, nawet jeżeli wiem, że to jest świętokradztwo. Jeżeli osoba przychodzi do konfesjonału, to należy ufać, że mówi prawdę.

Czyli punktem wyjścia jest dla Księdza zawsze zaufanie?

Tak. Przy spowiedzi liczy się tylko zaufanie. Oni przychodzą, bo wiedzą, że mogą mi ufać i obowiązuje mnie tajemnica spowiedzi, a ja ufam, że oni nie przychodzą do konfesjonału powygłupiać się, ale uczciwie wyznać grzechy.

Czy my czasami możemy tak bardzo zafiksować się na własnej prawdzie, że już w ogóle nie dociera do nas ta prawda obiektywna?

W tym właśnie tkwi poważne niebezpieczeństwo, zwłaszcza dla tak zwanych prawdziwych katolików – moja prawda jest jeszcze bardziej „mojsza” niż „twojsza”.

Nie pożądaj żony bliźniego swego / ani żadnej rzeczy, która jego jest

Co to znaczy pożądać?

Przekraczać w myślach przykazanie czystości i wierności małżeńskiej. To dziewiąte przykazanie łączy się z przykazaniem szóstym i to nie tylko kształtem cyferki, ale także treścią merytoryczną.

W kontekście przykazania, o którym mówimy, pożądanie ma wydźwięk negatywny. Ale jeśli zmienimy „obiekt pożądania" z „żony bliźniego swego" na „swoją żonę", to pożądanie chyba przestaje być czymś złym?

Wtedy staje się nawet cnotą. W średniowieczu wiele kontrowersji wiązało się z tym, czy współżycie w małżeństwie jest dobre. Pewne koncepcje głosiły, że Pan Bóg dopuszcza współżycie tylko po to, by ród ludzki się rozwijał, podczas gdy św. Tomasz powiedział temu wyraźne: „nie!". Współżycie w małżeństwie nie jest grzechem. Jest ono dobrym uczynkiem, a nawet czynem zasługującym.

Im lepiej współżyjemy w małżeństwie, tym bardziej zasługujemy na niebo?

Oczywiście!

Czy jeżeli prawdziwie kochamy, to będziemy pożądać tego, czego Bóg zakazuje?

Myślę, że to jest poza naszą dobrą lub złą wolą.

Wiara może być hamulcem, który pomaga radzić sobie z pożądaniem?

Wolałbym, by wiara była napędem.

Pomaga radzić sobie z pożądaniem?

Nie wiem.

Dlaczego Ksiądz nie wie?

Bo staram się nie pożądać.

Co ostatnio wprawiło Księdza w dobry nastrój, wywołało na Księdza twarzy uśmiech?

Byłem w teatrze na bardzo dobrym spektaklu *32 omdlenia* Czechowa. Bardzo lubię uczestniczyć w kulturze.

Potrafi Ksiądz cieszyć się z takich „małych rzeczy", drobiazgów dnia codziennego?

Kiedy jestem tak chory, to nie są dla mnie drobiazgi. To są wydarzenia.

„…ani żadnej rzeczy, która jego jest" to kontynuacja przykazania, które rozpoczyna się od słów: „nie pożądaj…". Czy my dzisiaj „obrastamy" w rzeczy, koncentrujemy się bardziej na tym, by mieć niż być?

Tak sądzę. Nawet my, którzy uważamy się za przyzwoitych, siedzimy gdzieś, patrzymy na coś ładnego i mamy taką pokusę: a może by tak skubnąć?

W Księdze Koheleta napisane jest, że wszystko to marność nad marnościami. Skoro tak, to dlaczego nam ta „marność" smakuje?

Przecież kiedy sięgamy po coś, co jest obiektem naszego pożądania, to nie wydaje nam się wcale, że to jest marność, tylko widzimy w tym ogromną wartość.

O co w życiu zabiegać nie warto?

O długie życie, o zaszczyty, o pozycję… Ważny jest odpowiedni dystans i odpowiednia perspektywa.

„…która jego jest". Dlaczego to, co należy do innych, bardzo często wydaje nam się atrakcyjniejsze od tego, co jest naszą własnością? Dlaczego pożądamy tego, co cudze, a swego nie doceniamy?

Ogródek sąsiada będzie zawsze bardziej zielony… Dlaczego tak jest? To po prostu najbardziej podły z grzechów, czyli zazdrość. Zazdrość, która niczego nam nie daje, a jeszcze bardziej wprowadza nas w niepokój.

Czy zamiast koncentrować się na tym, co mają inni, nie lepiej skupić się na tym, co nasze – co osiągnęliśmy i co jeszcze osiągnąć możemy?

I pomnożyć, i rozdać – zdecydowanie!

Jak dojść do takiego właściwego myślenia?

Trzeba sobie uświadomić, gdzie jestem, kim jestem, jaki jest sens mojego życia, a potem spróbować zmusić się (bo to często nie jest proste) do tego, by ewentualny nadmiar, który mam, a nawet niedomiar, rozdać innym ludziom w sposób wolny i niekrępujący mnie.

Inni dostaną to, co rozdamy. A co my dostaniemy w zamian?

Podzielimy się z tymi, którzy potrzebują… Będziemy wolni od tych rzeczy.

W życiu, we wszystkim ważna jest równowaga. Co służy zachowaniu równowagi pomiędzy „być" a „mieć"?

My doskonale czujemy, kiedy zachowujemy równowagę, a kiedy jesteśmy kompletnie wystrzeleni w kosmos. Utrzymaniu równowagi służy stan łaski uświęcającej, szukanie dobrej harmonii (nie myślę tu o buddyzmie), sklejenie z sobą i niedemonizowanie żadnej ze sfer – ani psychicznej, ani duchowej.

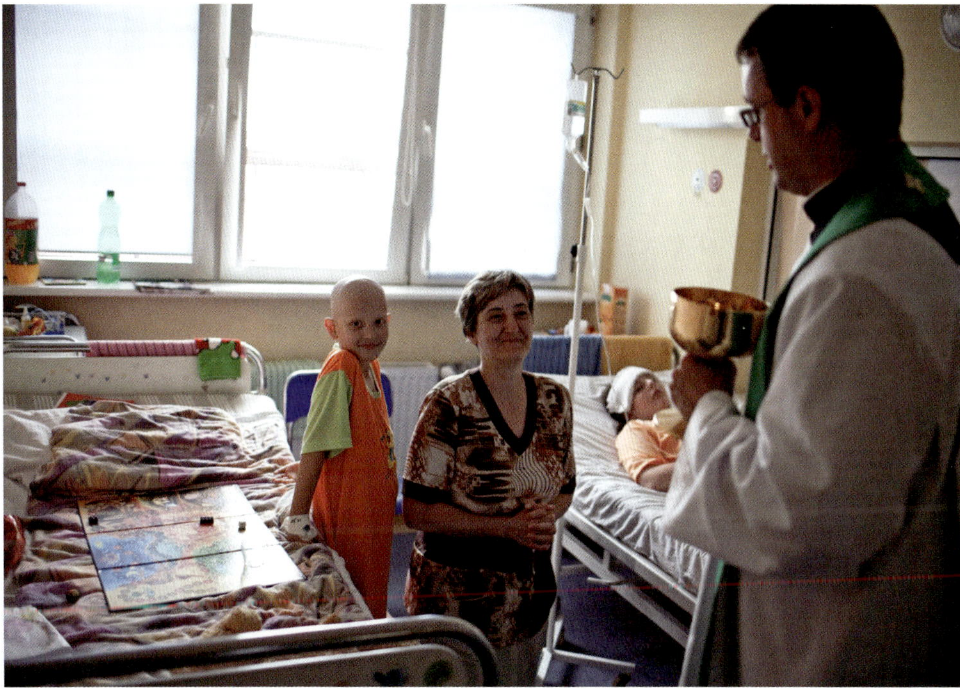

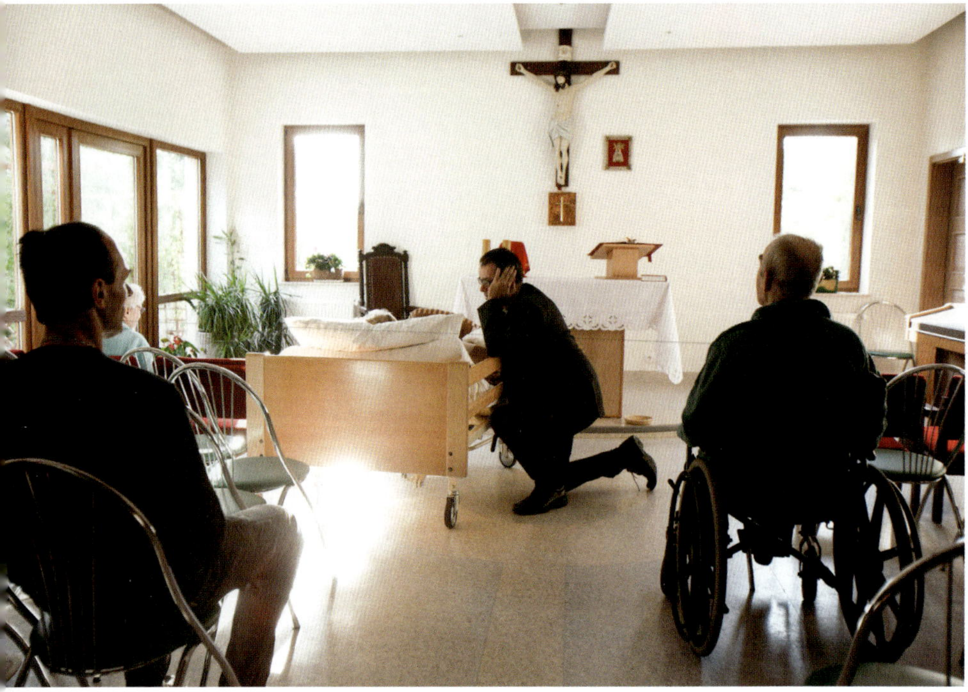

Jan Kaczkowski urodził się 19 lipca 1977 roku w Gdyni. Dorastał w Sopocie, gdzie skończył szkołę podstawową i Środowiskowe Liceum Ogólnokształcące. Po zdaniu matury w 1996 wstąpił do Gdańskiego Seminarium Duchownego. Święcenia kapłańskie przyjął w 2002 roku.

Od najmłodszych lat zmagał się z niedowładem i poważną wadą wzroku. Liczne operacje i wytrwała rehabilitacja pozwoliły mu sprawnie funkcjonować wśród rówieśników, jednak stan zdrowia wpłynął na jego życie kapłańskie – zamiast do pracy z młodzieżą ks. Jan został po święceniach skierowany jako kapelan do szpitala i domu pomocy w Pucku. W tym czasie posługiwał też jako wikariusz w parafii Świętych Apostołów Piotra i Pawła w tym mieście (2002–2007). Lata pracy z chorymi zaowocowały założeniem Puckiego Hospicjum pw. św. Ojca Pio (2009), którego był dyrektorem.

W latach 2004–2007 katechizował m.in. w Liceum Ogólnokształcącym w Pucku i w Zespole Szkół Ponadgimnazjalnych w Rzucewie. Bardzo lubił pracę w szkole i chętnie angażował młodych ludzi w wolontariat hospicyjny.

W 2007 roku został doktorem teologii na podstawie obronionej rozprawy *Godność człowieka umierającego a pomoc osobom w stanie terminalnym – studium teologiczno-moralne*. Ukończył również studia podyplomowe z zakresu bioetyki (2008) i prowadził wykłady z tej dziedziny na Uniwersytecie Mikołaja Kopernika w Toruniu (od 2010). Dla studentów medycyny i prawa organizował cieszące się dużym zainteresowaniem warsztaty o komunikacji i etyce w medycynie, które nazwał Areopagiem Etycznym.

Wiosną 2012 roku zdiagnozowano u niego złośliwy nowotwór mózgu – glejaka IV stopnia. Czas choroby był szczególną okazją do szukania prawdy, wierności sobie w walce z niedomaganiem i dzielenia się z innymi radością życia. Służył temu m.in. internetowy vlog *Smak życia*. Ksiądz Jan opublikował również książki: *Szału nie ma, jest rak*, *Życie na pełnej petardzie, czyli wiara, polędwica i miłość* oraz *Grunt pod nogami*. Ostatnia, wydana już po śmierci publikacja, to *Dasz radę*. Tym tytułem można streścić jego przesłanie, w którym wyrażają się wielka życzliwość, współczucie dla słabości innych, ale także wysokie wymagania, jakie stawiał swoim wychowankom i nieuleczalnie chorym pacjentom.

Zmarł 28 marca 2016 roku w wieku 38 lat. Jego ciało pochowano na cmentarzu komunalnym w Sopocie.

> Chciałbym wam powiedzieć jeszcze jedno: walczcie o siebie, nie dajcie się wdeptać kryzysom beznadziejności, chwilowej ciemności, walczcie o czyste sumienie i nigdy nie myślcie, że Bóg jest przeciwko wam.
>
> (*Grunt pod nogami*, Kraków 2016)

Spowiedź na krawędzi

Drodzy państwo!

Pewnie zaintrygował państwa tytuł tej konferencji – *Spowiedź na krawędzi*. Jeżeli uczciwie popatrzeć na sakramenty, to właściwie każda spowiedź jest spowiedzią na krawędzi. Bo to jest walka pomiędzy życiem a śmiercią. Tradycyjna teologia moralna uczy nas, że jeżeli umieramy w grzechu ciężkim, to delikatnie rzecz ujmując, nasze zbawienie jest mocno zagrożone, jeżeli nie wątpliwe. Jeśli z własnej winy długo trwamy w grzechu ciężkim, tym bardziej. Zatem na początku kilka słów na temat dobrej spowiedzi. Jej warunki doskonale znamy, ale przede wszystkim należałoby zrobić przegląd, czy z jakiegokolwiek powodu nie zdarzyła się nam spowiedź świętokradzka. Taka, w czasie której specjalnie zatailiśmy jakiś grzech. Czasami mamy wątpliwości, czy wszystko do końca wyznaliśmy. Grzechy, te naprawdę zapomniane, które przypominają nam się, kiedy wstajemy od konfesjonału, są odpuszczone. Tutaj trzeba być bardzo uczciwym. Jeżeli rzeczywiście zapomniałem, bo się zdenerwowałem, a to nawet był bardzo ciężki grzech, to mogę zupełnie śmiało przystępować do komunii świętej. Oczywiście ten grzech należy wyznać jako zapomniany w czasie następnej spowiedzi.

Przeważnie najwięcej wątpliwości w sumieniu budzą grzechy przeciwko Panu Bogu i bliźnim. Spróbujmy się kilku przyjrzeć. Mamy przykazanie: „Nie będziesz miał bogów cudzych przede mną". Wcale nie musi chodzić o to, że oddawali państwo cześć jakiemuś bożkowi. Może o te momenty, kiedy żyliśmy tak, jakby Boga nie było. Czy była taka chwila, w której fundamentalnie zaprzeczyłem Jego istnieniu? Kiedy powiedziałem: „Nie istniejesz" albo się Go wyrzekłem? Czy był taki moment, kiedy zrobiłem coś świętokradzkiego: odbyłem świętokradzką spowiedź, świętokradzko przyjąłem komunię świętą (ze względu, na przykład, na nacisk społeczny, bo byłem na pogrzebie, na ślubie, bo czułem się przymuszony przez tych, którzy patrzą)? Czy, nie daj Panie Boże, gdzieś zbezcześciłem Najświętsze Postacie? To się bardzo rzadko zdarza, ale to jest jeden z najcięższych grzechów – świadomie zniszczyć Najświętsze Ciało Pańskie.

„Czcij ojca swego i matkę swoją". Bardzo łatwo ich czcić, kiedy na miano matek i ojców zasługują, o wiele trudniej, kiedy jest inaczej. Czy nienawidzę swoich najbliższych? Życzę im źle? Czy jest coś, czego nie potrafię im wybaczyć? Tego, że czułem się odrzucony, że nie kochali mnie, że krzywdzili fizycznie, psychicznie i, nie daj Panie Boże, seksualnie? Oczywiście, jeżeli byliście krzywdzeni, to nie był wasz grzech, ale ich. Przebaczenie oczyszcza przede wszystkim tego, kto wybacza.

Tutaj zrobię taki wtręt: ostatnio nastała niemądra moda na tzw. spowiedź furtkową, czyli taką, która ma odblokować nas międzypokoleniowo. Komisja Episkopatu stwierdziła, że jest to niepoprawne, bo może prowadzić do nerwicy sumienia. Istnieje prawdopodobieństwo, że nieustannie będziemy wracać do tych samych grzechów, będziemy uważać, że przez pokolenia grzechy się powielają. A to nieprawda. Pewne skłonności czasem przekazujemy genetycznie, np. skłonność do alkoholu, ale to nie jest skłonność duchowa. Należy unikać takiej schizofrenii przy spowiedzi, nieustannego spowiadania się z grzechów dawnych albo doszukiwania się grzechów międzypokoleniowych.

„Nie zabijaj". Pewnie nikt z nas tu obecnych nie zamordował nikogo z zimną krwią. Ale nie trzeba od razu takiej wielkiej armaty. Można popełnić aborcję we wczesnej fazie, używając środków wczesnoporonnych. Można też nie stanąć przy kobiecie, nie wziąć odpowiedzialności za wspólnie przecież poczętą osobę ludzką. Kanon mówi, że wszyscy, którzy pozytywnie współpracowali przy spędzeniu płodu, są obciążeni tym grzechem. A pozytywna współpraca to jest pochwalanie, ułatwianie. Jeżeli czujemy, że przyczyniliśmy się do aborcji, powinniśmy się z tego wyspowiadać.

Wiem, że dawniej nie było takiej świadomości jak dziś. Dlatego niektóre starsze panie, które miały nieszczęście popełnić tego typu grzech, wciąż strasznie się oskarżają. Wtedy spowiednik musi powiedzieć: „Stop. Odkreślamy to, co było, grubą linią. Proszę już nigdy do tego nie wracać". Bo jeżeli nieustannie wracamy do grzechu już wyznanego, to oznacza, że nie do końca ufamy Bożemu miłosierdziu. To jest wielkie zagrożenie, ale z drugiej strony – zuchwałe ufanie w Boże miłosierdzie też nim jest. Widzę w polskim Kościele pewną roszczeniowość związaną z kultem Bożego miłosierdzia. Ona jeszcze nie dotyka zuchwałego grzeszenia przeciwko Duchowi Świętemu z bezgraniczną ufnością w miłosierdzie Boże, ale czuję, że jest w tym coś niepokojącego.

„Nie cudzołóż". Zwykliśmy przywiązywać do tego przykazania, w moim odczuciu, zbyt wielką wagę. Tak jakby całe nasze życie duchowe miało się wokół niego kręcić. Jesteśmy tutaj niezwykle dla siebie i innych wymagający. Oczywiście to, co dotyczy życia seksualnego, jest bardzo ważne. Trzeba to po prostu uporządkować. Jeżeli coś się wydarzyło, to się wydarzyło. Jeżeli w naszym życiu bywała pornografia, no to bywała. Trzeba to powiedzieć. Jeżeli bywała masturbacja, to trzeba to powiedzieć, ale nie pastwić się nad tym. Bo tego typu grzechy mają tendencję do tego, żeby nas upodlić. To jest taki mechanizm: upieramy się, że nigdy już nie popełnimy tego grzechu, ale napięcie w nas rośnie, jesteśmy kuszeni, łamiemy się, a potem czujemy coraz bardziej beznadziejni. Należy uznać grzech, ale – jak to młodzi mówią – nie wkręcać sobie filmu. Nie myśleć: taki jestem beznadziejny, okropny, paskudny. Jeżeli zdarzyło się tak, iż czuliśmy jako dorośli ludzie, że nie było w tym zgody wolnej woli, to można powiedzieć: nasze ciało nas nie słuchało, ale sumienie cały czas mówiło „nie". Wtedy należy uznać, że – u dojrzałych ludzi – mamy do czynienia z niepopełnionym grzechem ciężkim. Warto zapytać o to spowiednika. Powiedzieć: popełniłem taki lub inny grzech nieczysty, ale bez pełnej zgody wolnej woli. To jest dobry obszar do ćwiczenia własnego sumienia. Czy to było dobrowolne, czy to było chciane, czy miałem możliwości, żeby tego grzechu nie popełnić, czy byłem świadomy, że to był grzech?

Nikt za państwa sądów w sumieniu, w tym naszym wewnętrznym sanktuarium, nie wykona. Nawet jeśli w tej tak często omawianej dziedzinie związanej z przykazaniem „nie cudzołóż" mamy coś na sumieniu, nawet jeśli są to grzechy niezwykle ciężkie, trzeba po prostu mieć odwagę je wyznać. Miewaliśmy w życiu takie momenty, jak byliśmy młodsi, może na studiach albo jeszcze wcześniej, kiedy zupełnie nas ponosiło. Często zupełnie zwykli ludzie mają zupełnie niezwykłe zachowania. Tego się nie ma co wstydzić, choć wiem, że to przekroczenie siebie w tym intymnym aspekcie jest dużym problemem.

Pytanie o wierność jest jednym z fundamentalnych. Czy byliśmy wierni w naszych związkach? Czy byliśmy wierni w małżeństwie? Czy byliśmy wierni w związkach przedmałżeńskich? I to nie tylko fizycznie, ale psychicznie?

Teraz „nie kradnij". Z kradzieżą, jakąkolwiek – intelektualną czy zwykłą materialną, wiąże się zadośćuczynienie. Bez zadośćuczynienia właściwie nie możemy mówić o tym, że ten grzech został odpuszczony. Bez zadośćuczynienia, i to z lekkim naddatkiem, nie możemy mówić o pełnym pojednaniu z Panem Bogiem i bliźnimi. To przykłady najlepiej obrazują problem. Zdarza się tak, że do spowiedzi przychodzą kierowcy autobusów, ciężarówek, którzy mówią, że kradną paliwo. „Wprawdzie jeździłem ostrożnie, czyli mało spalałem, ale później kradłem paliwo firmowe". Spowiednik powinien ustalić, ile mniej więcej tego paliwa było. Załóżmy 50 litrów ropy. Ile kosztuje litr ropy? 50 litrów razy 4 złote = 200 złotych, prawda? Gdy spowiednik ustali z penitentem, na ile została dokonana kradzież, ma obowiązek powiedzenia: „Łaskawy panie (albo pani), proszę oddać. Jeżeli to jest możliwe, oddać pracodawcy w ten sposób, żeby tego nie zauważył i żeby pan nie dostał nagrody, że nagle zatankował za swoje. I proszę to zrobić z lekkim naddatkiem. Żeby wyrównać tę szkodę, a później jeszcze ze swoich pieniędzy (a nie z pieniędzy rodziny) proszę dać coś zupełnie anonimowo na jakiś dobry cel". Nie mówię, że na hospicjum, bo to byłoby świńskie z mojej strony, gdybym zadawał za pokutę wspieranie hospicjum, które prowadzę. Tak nie wolno.

Są w życiu momenty przełomowe, kiedy decydujemy się na spowiedź generalną. Zachęcam was do takiej spowiedzi. Radziłbym się nie ustawiać w jakiejś kosmicznej kolejce, tylko wcześniej wybrać sobie księdza, u którego chcę się wyspowiadać. Czy zachęcam do uprawiania priestingu? Tak. Niektórzy uprawiają shopping, clubbing, inni churching (szukają kościołów, w których jest dobre duszpasterstwo). Jest wskazane, by dla dobrej spowiedzi uprawiać priesting, czyli szukać księdza, zasadniczo stałego spowiednika. Jest problem ze stałym spowiednikiem, bo za pierwszym razem mi przypasował, był OK. Za drugim razem czułem się po spowiedzi uwznioślony, bo się pilnowałem. Przy trzecim razie, kiedy mam wyznać grzechy, których się wtedy wstydziłem, ksiądz mnie już poznaje. I to jest ten moment dojrzałości duchowej, kiedy się przed naszym stałym spowiednikiem przełamiemy, przestaniemy się obawiać, że on nas będzie oceniał. Potem pójdziemy do niego z kolejną słabością, z której do tej pory nie potrafiliśmy zrezygnować. Świadoma praca nad sobą świadczy o duchowym rozwoju.

Pierwszym momentem, w którym należałoby zachęcać ludzi do spowiedzi generalnej, jest czas przed ślubem. By ten ślub nie był wydmuszką. Ale błagam, by nie spowiadać się po to, żeby ksiądz podpisał kartkę. Jeżeli państwo mają to robić byle jak, to przyjdźcie do mnie, ja wam podpiszę papiery. A zresztą – ile razy widać, że ludzie sobie sami podpisują, np. ksiądz Kowalski w Pikutkowie. Papier przyjmie wszystko, można go oszukać. Ale własnego sumienia i Pana Boga mówiącego w sumieniu oszukać się nie da. Zatem należałoby wszystkich narzeczonych przygotowywać do takiej bardzo głębokiej spowiedzi podsumowującej ich życie. Często bywa tak, że to jest spowiedź z okresu od bierzmowania do dwudziestki, dwudziestki piątki. Przynajmniej z perspektywy Trójmiasta tak to wygląda, że jest spory odsetek ludzi, którzy przestali się spowiadać jako dzieci, a teraz mamy już dorosłą osobę z całym pękiem dziecięcych i dorosłych grzechów.

Mówię narzeczonym: niekoniecznie musimy mordować się, na przykład, z tą całą teologią małżeństwa. Ona jest mniej więcej znana. Ale musicie się przygotować porządnie do spowiedzi po to, żebyście mieli poczucie gigantycznej wolności, kiedy staniecie w drzwiach kościoła, kiedy ksiądz po was wyjdzie. Możecie być nawet w brudnych jeansach, ale będziecie szczęśliwi, że jesteście tylko wy i Pan Bóg. Nie będziecie się przejmować, że ciocia z Wąbrzeźna nie przyjechała.

Drugim momentem, w którym szczególnie polecam spowiedź generalną, jest ten, gdy popełniliśmy jakiś ciężki grzech, który nas upodlił. Przypominam sobie, siedziałem w wakacje w konfesjonale w Sopocie, i przyszedł do spowiedzi starszy ksiądz. Mówił, że się, mówiąc najdelikatniej, strasznie łajdaczy i nie może w ogóle nad tym zapanować. On był w moralnym dołku, ale też był tak skruszony… Przyjechał na wakacje i kompletnie mu puściły wszelkie moralne hamulce. Twierdził, że ma z tym problem od wielu lat. Naprawdę miał sporo na sumieniu. Ale przyszedł ze szczerym wyznaniem, ze łzami. Zapytałem go, co powinienem mówić, gdy przyjdą do spowiedzi młodzi księża albo w ogóle młodzi ludzie, którzy dali się ponieść tego typu uciechom? I on mnie tak wzruszył… Z ogromną szczerością powiedział: „Mów im, że to jest ułuda. Tylko się wydaje, że na tym można zbudować szczęście". I to we mnie zapadło. Spowiedź tego zdruzgotanego grzechem kapłana, który jednak miał tyle siły, żeby się podnieść. Łaska Boża jest przeogromna. Wtedy, kiedy popełnimy jakiś potwornie ciężki grzech (nie chcę wyliczać, szanując państwa inteligencję), musimy się zdobyć na taką naprawdę poważną spowiedź, najlepiej z całego życia, żeby wykorzenić przyczyny tego najpoważniejszego grzechu, które może nawarstwiały się latami.

Ostatni rodzaj spowiedzi na krawędzi, w której często uczestniczę jako spowiednik, to ta na łożu śmierci. Fascynujące są, proszę państwa, ludzkie sumienia. Niezwykłe. Niezbadane. Kiedy ludzie są w agonii, zachowując przytomność, albo kiedy czują, że śmierć już się zbliża, naprawdę niczego nie muszą udawać i zasadniczo nie kłamią. Poza sytuacjami naprawdę patologicznymi.

Muszę powiedzieć, że fenomen wyparcia, fenomen dobrego samopoczucia mnie zawsze obezwładnia. Czasem mamy tzw. pacjentów z ZZA, czyli z zespołem zależności alkoholowej. Alkoholików, którzy często byli potworami dla własnych rodzin.

Mam, na przykład, wiedzę od żony takiego alkoholika, która go przywiozła do hospicjum, że to był potwór, że ją katował, że kiedy nie chciał, by miała dzieci, to skakał jej po brzuchu, zmuszał do aborcji, pił, tłukł, sprzedawał gospodarstwo po kawałku. Przychodzę spowiadać tego mężczyznę – robimy to od pierwszego do ostatniego przykazania. Mówię: „panie Ryszardzie (oczywiście wymyślam teraz imię), chciałbym, żeby to była porządna spowiedź, czy mogę panu zadawać pytania?". Muszę mu zapewnić warunki intymności na tyle, na ile się da. Jeżeli może, to wychodzimy z pokoju. Jeżeli nie, to wyjeżdżamy łóżkiem. Kiedy dochodzimy do pytania: „A jak w pana małżeństwie?", on odpowiada: „Świetnie. Pasmo sukcesów". Pytam: „Był pan dobrym ojcem i mężem?". „Tak, na pewno. Zawsze byłem z nimi. Nigdy ich nie krzywdziłem". Nie mogę podać w wątpliwość jego słów. Muszę założyć, że albo wszystko, co złe, wyparł i tak naprawdę jest nieświadomy, że spowiada się świętokradzko, albo zostawić go Bożemu miłosierdziu. Rozgrzeszyć, kiedy jestem prawie pewien, że on spowiada się świętokradzko, a potem podać mu komunię świętą, oczywiście na jego odpowiedzialność.

Ale bywają też piękne historie. Kiedy ludzie już niewiele mogą mówić, wtedy mam prawo odstąpić od tzw. integralności spowiedzi, czyli od pełnej formuły. Na ogół spowiadający się kiwa wtedy głową na tak lub na nie, a ja zadaję konkretne pytania, tłumacząc, dlaczego tak robię. Bywa, że ludzie znajdujący się w tej krańcowej sytuacji początkowo się obawiają. Ale kiedy się przekonują, że chcę dla nich dobra i że Chrystus Pan jest dobry, to się otwierają. Mówią rzeczy, o których całe życie nie mówili. To jest bardzo ryzykowne zachowanie – najpoważniejsze grzechy trzymać do godziny śmierci, bo możemy nie zdążyć. Albo może nie zdążyć ksiądz. Ale to są niezwykle uwalniające historie.

Najbardziej wzruszają mnie nawróceni komuniści. Nie lubię komunistów typu Konrad Wallenrod. Lubię komunistów czerwonych do szpiku kości, a nie tych jak rzodkiewka – z wierzchu czerwona, a w środku biała. Bo oni zawsze mówią: „Ja tam w partii nikim nie byłem, ja tak budowałem system, by się jak najszybciej rozleciał…". To są oszuści. Oni zawsze twierdzą, że byli jedynie kierowcami czy szeregowymi członkami partii. Cenię tych, którzy mieli odwagę stanąć wobec wyrzeczenia się Pana Boga.

Kiedy jeszcze byłem kapelanem w szpitalu i chodziłem z komunią świętą, to leżący na jednej sali ubek był strasznie ordynarny, krzyczał: „Nie chcę. Spadaj, klecho" albo był jakiś taki dziwny: „Powiem, kiedy będę chciał". Ale nie byłbym prawdziwym duszpasterzem, gdybym do niego nie zaglądał, nie pukał, trochę go nie zaczepiał, gadał o pogodzie. I pewnego dnia on mówi: „Już!". Ja zaskoczony, a on powtarza: „Już jestem gotowy do spowiedzi". Tak przygotowanej głębokiej spowiedzi, jakby to psychologowie powiedzieli – z tak ogromnym kontaktem z sobą, nie miałem albo miewam rzadko. On wyznał: „Proszę księdza, byliśmy świętymi krowami, łamaliśmy ludziom kręgosłupy, łamaliśmy ludziom sumienia, rozbijaliśmy się po pijanemu samochodem, byliśmy nie do ruszenia". Drążyłem temat, bo dla mnie to jest ciekawe antropologicznie. „Jak to się stało, że tak pana sumienie się zdegradowało?". On na to: „Wojna się skończyła, jak miałem siedemnaście lat. Nie skończyłem żadnej szkoły. Poszedłem do milicji, ona dała mi wykształcenie, wyprała mi mózg. Potem wstąpiłem do UB, awansowałem. To był świat, który mnie ukształtował". Chciałem dociec, jak było z prawością jego sumienia. „A nie czuł pan, że to jest złe, sumienie panu nic nie mówiło?". Odpowiedział: „Mówiło. Moja matka była prostą kobietą ze wsi, ale zawsze powtarzała, że nie można nikogo krzywdzić. Gdy dorosłem, wyrzuty sumienia zalewałem alkoholem. Opamiętanie przyszło, kiedy (użył liczby mnogiej) zabiliśmy księdza Popiełuszkę. Ale wtedy nie miałem już odwagi się wycofać. Bo wszystko bym stracił. Byłem tak wkorzeniony". Wielki, wielki gość, że zdobył się na taką szczerość.

Kiedy indziej w hospicjum leżała niegdyś postawiona wysoko w partii kobieta. Gdy przychodziłem, mówiła, że nie chce mieć nic wspólnego z Kościołem. Była niezwykle elokwentna i bardzo chciała ze mną rozmawiać na wszystkie tematy poza religijnymi. W pewnym momencie powiedziała: „Jak ksiądz będzie naciskał, to ja będę się usztywniała". Uszanowałem to. Bardzo się zaprzyjaźniliśmy. Ale jej stan się sukcesywnie pogarszał. Znów wymyślam na poczekaniu imię: „Pani Ewo, mam do pani dwa pytania. Czy zrobiłaby mi pani ten zaszczyt, żebym mógł być na pani pogrzebie?". Ona odpowiada, że tak. „Ale proszę mi powiedzieć, czy mam iść przed trumną czy za nią?". Ona na to: „Niech mi ksiądz da dwa dni do namysłu". Po tych dwóch dniach powiedziała, że przed trumną. No to ja: „Pani Ewo, nie jestem pracownikiem Cepelii, nie chcę uczestniczyć w czymś nieprawdziwym. Chciałbym, żeby pani się spróbowała z Panem Bogiem pojednać". Ona znów poprosiła o dwa dni do namysłu, a potem bardzo prawdziwie pojednała się z Panem Bogiem. Co ciekawe, poprosiła, żebym nikomu w hospicjum o tym nie mówił, żeby kapelan (mój zastępca) do niej nie przychodził z komunią, żeby nikt się nie dowiedział o jej nawróceniu. Chciała, żeby to zostało między mną, nią i Panem Bogiem. Została pochowana po katolicku, przyjmowała ode mnie sakramenty, udzieliłem jej namaszczenia chorych. Zachowała prawdziwą duchową klasę, klasę na krawędzi.

I ostatnia rzecz. Proszę pamiętać, że w godzinie śmierci można rozgrzeszać wszystkich ważnie i godziwie. Kościół na godzinę śmierci daje tyle przywilejów, że nawet największym zbrodniarzom, największym grzesznikom, tym, którzy wpadli w karę ekskomuniki z tego czy innego powodu, nawet zastrzeżoną papieżowi (czyli związaną z dwoma grzechami: świadomym zniszczeniem postaci eucharystycznej i zdradą tajemnicy spowiedzi), mogą zostać odpuszczone grzechy.

Spowiedź na krawędzi. Dlaczego ją tak nazwałem? Bo praca w hospicjum, która jest pracą na wysokim poziomie adrenaliny, najdobitniej uświadamia mi, że w czasie spowiedzi ważą się ludzkie losy, trwa wyścig o wieczność. Wiele zależy od tego, czy mi się chce, czy mi się nie chce, czy dochowałem staranności. Bo jeżeli dochowałem i nie zdążyłem z posługą, to mogę w sumieniu czuć się wolny. A jeżeli nie dochowałem, bo byłem leniwy, zbyt długo składałem skarpetki albo coś po prostu mi odbiło, to noszę ten ciężar w sumieniu. Dlatego dopóki będę mógł, to z tego mojego hospicyjnego pięterka będę się zczołgiwał do pacjentów, żeby być w momencie zgonu. Zresztą w dyżurce pielęgniarek wisi wielka kartka: „Bezwzględnie wołać księdza, kiedy ktoś umiera". I moje panie pielęgniarki czasem mnie przekonują, że nie ma sensu iść, bo przecież jestem zmęczony, a ten pan już kilka razy był namaszczony. I tak idę. Bo chciałbym, żeby przy moim zgonie był kapłan, który nie tylko ważnie i godziwie udzieli mi rozgrzeszenia, ale będzie się modlił i udzieli absolucji z odpustem zupełnym. I wtedy będę zupełnie wolny od kar doczesnych.

Czasem, kiedy moi pacjenci słyszą, że udzielam im tego sakramentu w niebezpieczeństwie śmierci, przeszywa ich strach. Żeby rozładować atmosferę, mówię: „Pani Grażyno, teraz już jest pani tak chroniona, że z kopytami do nieba bez żadnych przystanków". Czego państwu i sobie życzę.

Na płycie

Jak wyglądała relacja ks. Jana z Bogiem?
Jakie wartości były mu najbliższe? Które fragmenty
Ewangelii były dla niego najważniejsze?

O czym chciał zdążyć opowiedzieć tłumom,
które przychodziły na jego msze, a jakie słowa
zachowywał dla pacjentów swojego hospicjum?

Kupując tę książkę,
wspierają Państwo działalność Puckiego Hospicjum

Część dochodów ze sprzedaży książki
zostanie bezpośrednio przekazana
na działalność statutową Puckiego Hospicjum

Inne formy wsparcia hospicjum to:

• przekazanie darowizny na konto
(bardzo zależy nam na regularności wpłat)
PL 38 8348 0003 0000 0017 2404 0001

SWIFT (BIC): GBWCPLPP

• przekazanie darowizny pieniężnej
przelewem transferowym

• przekazanie darowizny rzeczowej

• przekazanie 1% podatku

KRS 0000231110
e-mail: puckiehospicjum@ wp.pl
tel.: 58 678 03 95
www.hospitium.org

Puckie Hospicjum pw. św. Ojca Pio
ul. Dziedzictwa Jana Pawła II 12
84-100 Puck

PUCKIE HOSPICJUM pw. św. Ojca Pio

Kupując tę książkę,
wspierają Państwo działalność Puckiego Hospicjum

Część dochodów ze sprzedaży książki
zostanie bezpośrednio przekazana
na działalność statutową Puckiego Hospicjum

Inne formy wsparcia hospicjum to:

• przekazanie darowizny na konto
(bardzo zależy nam na regularności wpłat)
PL 38 8348 0003 0000 0017 2404 0001

SWIFT (BIC): GBWCPLPP

• przekazanie darowizny pieniężnej
przelewem transferowym

• przekazanie darowizny rzeczowej

• przekazanie 1% podatku

KRS 0000231110
e-mail: puckiehospicjum@ wp.pl
tel.: 58 678 03 95
www.hospitium.org

Puckie Hospicjum pw. św. Ojca Pio
ul. Dziedzictwa Jana Pawła II 12
84-100 Puck